Inhalt

Assessment-Center

Kernthesen

Beitrag

Fallbeispiele

Weiterführende Literatur

Impressum

GENIOS WirtschaftsWissen Nr. 07/2003 vom 08.07.2003

Assessment-Center

M.Reiner

Kernthesen

- Gerade in Zeiten hoher Arbeitslosigkeit ist es für Personaler wichtig, aus der Flut von Bewerbungen den perfekten Kandidaten zu finden. (5), (8)
- Assessment-Center, die sowohl die fachliche als auch die soziale Kompetenz der Bewerber prüfen, werden als Mittel zur Personalsuche vor allem in Großunternehmen immer wichtiger. (2), (4), (5)
- Doch auch hier ist Vorsicht geboten: Anbieter von Assessment-Centern setzen sich oft zu wenig mit der individuellen Unternehmenskultur auseinander und erzielen so mangelhafte Ergebnisse bei der Mitarbeiterfindung. (3)

Beitrag

"Die Spreu vom Weizen zu trennen" ist die schwierige Aufgabe der Personaler, die aufgrund der wirtschaftlichen Krise täglich Hunderte von Bewerbungen auf ihren Tisch bekommen. Gute Noten und fachliche Kenntnisse sind aus dem Lebenslauf ersichtbar. Aber wie steht es mit der Einschätzung der Soft Skills, wie der Teamfähigkeit oder der Stressresistenz der Bewerber? Hier müssen Unternehmer auf andere Mittel zurückgreifen. Assessment-Center sind ein immer häufiger angewandtes Instrumentarium, um den wahren Fähigkeiten der Kandidaten auf die Spur zu kommen.

Assessment-Center als Recruiting Instrument

Um beurteilen zu können, ob Bewerber für eine ausgeschriebene Position im Unternehmen in Frage kommen, bedienen sich vor allem größere Unternehmen bei der Mitarbeiterauswahl häufig des Instrumentariums "Assessment-Center".

In simulierten Situationen, welche die Arbeitswirklichkeit so treffend wie möglich darstellen sollen, werden Bewerber auf ihre Eignung hin überprüft. Sagen Noten und Zeugnisse vor allem etwas über die fachlichen Fähigkeiten der Kandidaten aus, bringen Assessment-Center vor allem deren soziale Kompetenzen ans Tageslicht. (1), (10)

Zweckdienlichkeit der gängigen Übungen

Es gibt Übungen, die sich in der Praxis als aussagekräftige Mittel bestätigt haben.

Dazu gehören unter anderem die Gruppendiskussionen, mit Hilfe derer firmeninterne Beobachter genau festlegen können, welche Kandidaten Meinungsführer sind oder welche Teilnehmer in der Lage sind, eine Moderatorenrolle einzunehmen.

Andere Übungen sind z.B. die Präsentationen vorbereiteter Themen, bei der sich die Entscheider über die Argumentationsstärke oder das Auftreten der Kandidaten informieren können.

Aber auch heimliche Übungen, die für die Bewerber als solche auf den ersten Blick nicht erkennbar sind, spielen eine wichtige Rolle. Getestet wird hier z.B., wie sich die Teilnehmer in der angeblichen "Pause" verhalten und wie sie miteinander umgehen. (2), (5), (6), (9)

Obwohl sich diese Übungen bewährt haben, machen viele Unternehmen den Fehler, sich auf die allgemeinen Schemata zu beschränken. Dabei ist eine individuelle Ausrichtung der Veranstaltung notwendig, um ein zufrieden stellendes Ergebnis zu erzielen.

Notwendigkeit einer individuellen Ausrichtung der Assessment-Center

Aus Kostengründen beauftragen viele Unternehmen billige Anbieter, die Assessment-Center für sie veranstalten. Beachtet wird dabei häufig nicht, dass die Qualität der Center durchaus variieren kann.

Viele Veranstalter übernehmen ihre Aufgabenstellungen aus der Literatur, ohne die individuellen Anforderungen an die Kandidaten zu untersuchen oder die Unternehmenskultur in ihre Übungen mit einzubeziehen. Die Folge solcher

Assessment-Center ist, dass sie kaum einen validen Aussagewert über die Eignung der Kandidaten geben können. (3)

Unternehmer sollten von daher unbedingt darauf achten, dass der Organisator im Vorfeld eine Anforderungsanalyse erstellt, der die einzelnen Übungen angeglichen werden.

Auch ist es notwendig, dass die Bewerber darüber informiert werden, welche Kriterien nun eigentlich abgefragt werden. Nur so können sie sich angemessen präsentieren und ein Bild über ihre Fähigkeiten vermitteln. (3)

Fallbeispiele

Um Hochschulabsolventen und junge Berufstätige zu rekrutieren, bieten Unternehmen wie die Lufthansa oder die Allianz Assessment-Center über ein Online Portal an. Erfolgreiche Teilnehmer werden zu einem Vorstellungsgespräch eingeladen. (1)

Ein Beispiel zum Aufbau eines Assessment-Centers für Kundenservice-Mitarbeiter liefert die Zeitschrift

Kraftfutter in ihrer Ausgabe vom Mai. Nach der Vorauswahl anhand eines Telefoninterviews werden Skills wie die Kommunikations- und Anpassungsfähigkeit oder die Argumentationsstärke der Teilnehmer in einem simulierten Verkaufsgespräch getestet. Im darauf folgenden Einzelgespräch können noch offene Fragen zum Lebenslauf der einzelnen Teilnehmer geklärt werden. (6)

Um talentierte Nachwuchskräfte im Bereich Unternehmenskommunikation zu finden, haben sich unter der "Initiative 100" zahlreiche namhafte Unternehmen zusammengetan. Diplomanden bewerben sich mit ihren Abschlussarbeiten und erhalten bei Qualifizierung dann die Chance, an einem der zweimal jährlich stattfindenden Assessment-Center teilzunehmen. Zu den Aufgaben gehören u.a. die Konzeptentwicklung und Budgetplanung für einen gestellten Fall, Präsentationen und Gruppendiskussionen. Außerdem erhalten die Absolventen Geldprämien für die besten Abschlussarbeiten. (5)

Ein eher ungewöhnliches Assessment-Center veranstaltet der Personalberater Spencer Stuart im Wäschekonzern Palmers. Nicht Nachwuchs- sondern Führungskräfte sollen an dem Verfahren teilnehmen, das dazu bestimmt ist, intern eine geeignete

Nachfolge für Spitzenmann Rudolf Hummer zu finden. (7)

Assessment-Center gegen Demotivation und Frustration: Nach neuesten Forschungen der Universität St. Gallen ist es für Unternehmen ratsam, potentiellen Mitarbeitern bereits im Vorfeld z.B. in Assessment-Centern einen guten Einblick in die zu besetzende Position und Arbeitsatmosphäre zu vermitteln. So können spätere Frustrationen am Arbeitsplatz und Überbelastung vermieden werden. (4)

Um die Durchführung von Assessment-Centern zu verbessern und weiter zu entwickeln, haben sich Experten aus verschiedenen Wirtschafts- und Dienstleistungsunternehmen zusammengeschlossen. In dem Verein mit dem Namen "Arbeitskreis Assessment-Center", der rund 100 Mitglieder zählt, wurden Standards der "Assessment-Center Technik" entwickelt, um Unternehmen eine Anleitung für eine effiziente Durchführung der Center bereitzustellen. (3)

Informationen zum Thema Assessment-Center können Interessenten beim "Arbeitskreis Assessment-Center e.V" unter der Rufnummer: 0211-33 67 97 14 (Tom Ullrich) (2) oder im Internet unter: www.arbeitskreis-ac.de erhalten.

Ein 320seitiger Ratgeber mit Beispielen, Formularen und Checklisten zum Thema "Assessment-Center" kann für 39,10 Euro über www.wirtschaftsblatt.at/bookshop bezogen werden.

Weiterführende Literatur

(1) Berufsstart im Netz, Capital vom 03.04.2003, Seite 112
aus Betrieb und Wirtschaft, Heft 6/2003, S. 255-259

(2) Ein Begriff, seine Geschichte, seine Bestandteile Bewerten, beurteilen, einschätzen
aus taz, 05.04.2003, S. 21

(3) Denn sie wissen nicht, was sie tun Assessment Center sollen Managernachwuchs trainieren und auf die Probe stellen. Doch viele dieser Prüfungen sind von der Stange und haben wenig Aussagekraft. Vor allem Selbstdarsteller freuen sich über die vermeintlichen Simulationen
aus taz, 05.04.2003, S. 21

(4) Motivationsbarrieren gezielt beseitigen
aus wirtschaft&weiterbildung, Heft 05/2003, S. 20

(5) Kür für Kommunikationstalente
aus HORIZONT 14 vom 03.04.2003 Seite 043

(6) Kundenservicecenter - Personalrecruiting mit

System Customer service centre - systematic personnel recruiting
aus Kraftfutter Nr. 05 vom 08.05.2003 Seite 161

(7) Palmers-Manager drücken die Schulbank Neue Details zur Umstrukturierung bei Palmers: Einige Filialen sollen dichtgemacht und Personal gekürzt werden
aus WirtschaftsBlatt, 29.03.2003, Nr. 1839, S. A4

(8) Neue Methode, um die wahre Berufung herauszufinden Ergebnisse von Persönlichkeitstests stimmen oft nur zu 20 Prozent
aus WirtschaftsBlatt, 07.06.2003, Nr. 1886, S. A25

(9) Pause kann eine Falle sein Tipps zur richtigen Vorbereitung auf die Prüfung im Assessment-Center
aus Frankfurter Rundschau v. 26.04.2003, S.5

(10) Ticket für den Weg nach oben Gute Noten sind und bleiben erstes Auswahlkriterium am Anfang einer Karriere / Was Personaler interessiert
aus Frankfurter Rundschau v. 26.04.2003, S.3

Impressum

Assessment-Center

Bibliografische Information der deutschen Nationalbibliothek

Die Deutsche Nationalbibliothek verzeichnet diese Publikation in der deutschen Nationalbibliografie; detaillierte bibliografische Daten sind im Internet über http://dnb.d-nb.de abrufbar.

ISBN: 978-3-7379-1012-5

© 2015 GBI-Genios Deutsche Wirtschaftsdatenbank GmbH, Freischützstraße 96, 81927 München, www.genios.de

Alle Rechte vorbehalten. Dieses Werk ist einschließlich aller seiner Teile – z.B. Texte, Tabellen und Grafiken - urheberrechtlich geschützt. Jede Verwertung außerhalb der Grenzen des Urheberrechtsgesetzes bedarf der vorherigen Zustimmung des Verlags. Dies gilt insbesondere auch für auszugsweise Nachdrucke, fotomechanische Vervielfältigungen (Fotokopie/Mikroskopie), Übersetzungen, Auswertungen durch Datenbanken oder ähnliche Einrichtungen und die Einspeicherung und Verarbeitung in elektronischen Systemen.